CONSTELLATIONS

Letters for Him II
Selected Poems 2022

GT Popplewell

thedailygrey.wordpress.com
Instagram @lettersforhim2

Email: gtpopplewell@yahoo.co.uk

Typeface: EB Garamond

CONTENTS

TODAS LAS VIDAS IMPORTAN. Acrylics, 15 February 2022.

Solitudes / *Soledades.*
The Last / *El Último.*
Amor / *Amor.*
Dream, Demon / *Sueño, Demonio.*

LA MUSA. Acrylics, 27 February 2022.

The Muse / *La Musa.*

Works of art are of an infinite loneliness and with nothing so little to be reached as with criticism. Only love can grasp and hold and be just toward them.

Las obras de arte son de una soledad infinita y con nada tan poco a lo que llegar como con la crítica. Sólo el amor puede agarrarlos y sostenerlos y ser justo con ellos.

-Rainer Maria Rilke

CONSTELLATION

This year I want to fall in love,
with a book or simply
with words I don't understand,
or with a leaf waving from six feet away
   solitary on a proud tree,
or with a tune so familiar,
   like pounding lips from a memory,
or with the skies, clear as his smiling irises
   and the constellation of stars on his cheeks,

I want to drown in that abyss
if only to feel alive again,
in another's touch,
in his living skin.

~ 01.01.22

CONSTELACIÓN

Este año quiero enamorarme,
con un libro o simplemente
   con palabras que no entiendo,
o con una hoja, saludando a seis pies de distancia
   solitario en un árbol orgulloso,
o con una melodía tan familiar,
   como latir labios de un recuerdo,
o con los cielos, claros como sus iris sonrientes
   y la constelación de estrellas en sus mejillas,

Quiero ahogarme en ese abismo
aunque solo sea para sentirme vivo de nuevo,
en el toque de otro.

~ 01.01.22

STARS

How do the stars return
to rest on your face,
they burn to keep their fame
but relinquish all to belong to your smile,
that which dims the brightest suns,
that which lifts my heaviest days,

I envy the breeze that caresses your skin,
just imagining how it must be
robs gravity of its might,
as I float and sway and sigh
to all I sense when I close my eyes,

bless all the sky watchers that have gone
before they could name the stars you hide,
for they belong to me,
to my solace and soliloquy.

~ 03.01.22

ESTRELLAS

Cómo qué vuelven las estrellas a tu rostro a descansar,
arden para mantener su fama
pero renuncian a todo para pertenecer a tu sonrisa,
ese que oscurece los soles más brillantes,
ese que levanta mis días más pesados,

Envidio la brisa que acaricia tu piel,
solo imaginar cómo debe ser
le roba a la gravedad de su poder,
mientras floto y me balanceo y suspiro
a todo lo que siento cuando cierro los ojos,

bendiga a todos los observadores del cielo que se han ido
antes de que pudieran nombrar las estrellas que escondes,
porque me pertenecen,
a mi consuelo y soliloquio.

~ 03.01.22

DON DIEGO
Pencils, 14 February 2022

CASTAMAR

Two strangers —
with worlds of polarity in between,
joined by a thin strand of possibilities
are the foremost strangers to be,
with a tenderness amidst
    the noise of fear and fancy,
they defied a parade of fools
    masquerading as royalty;
who would have thought that courage
    from their terrified hearts
    could end the madness of the world,
that when their kiss finally
    sang the purest tune,
the void trembled and spilled such exquisite joy.

Theirs is a tale often told and forgotten
that always resurfaces when humanity falls,
forgets its heart and a soul its shadow calls,

Theirs is a story ingrained in us all,
The longing that never quells
till ours is the tale told.

~ 07.01.22

CASTAMAR

Dos extraños -
con mundos de polaridad en el medio,
unidos por una fina hebra de posibilidades
son los principales extraños para ser,
con una ternura en medio
   del ruido del miedo y la fantasía,
desafiaron un desfile de tontos
   disfrazados de realeza;
quién hubiera pensado que el valor
   de sus corazones aterrorizados
   podría acabar con la locura del mundo,
que cuando su beso finalmente
   cantó la melodía más pura,
el vacío tembló y derramó tan exquisita alegría.

Las suyas es una historia a menudo contada y olvidada
que siempre resurge cuando la humanidad cae,
olvida su corazón y un alma que su sombra llama,

Las suyas es una historia arraigada en todos nosotros,
El anhelo que nunca se apaga
hasta que el nuestro es el cuento contado.

~ 07.01.22

A BEAUTIFUL THING

I have a problem with beautiful things
I fall in love with them too easily,
  too deeply,
I often find myself slowly consumed
  as moths are to the flame --
the summer sky and his flirting blue eyes,
daffodils giggling in early spring,
even the moodiness of autumn
  has made my chest throb shamelessly,

And then there's you,
from totally nowhere you crashed into
  my comfortable reverie
  as beautiful things always do,
walking into the room with
  the sun's breath trailing behind you,
without a care or the littlest hint
  of my crumbling existence,
a melted pool of tightness
  spreading over my breasts,
the loveliest countdown to death
  with nothing but my screaming chest,
as air and all noise were also stunned by you --
Such a beautiful thing!

UNA COSA HERMOSA

Tengo un problema con las cosas bonitas
Me enamoro de ellos con demasiada facilidad,
  demasiado profundamente,
A menudo me encuentro consumido lentamente
  como las polillas a la llama,
el cielo de verano y sus ojos azules coquetos,
narcisos riendo a principios de primavera,
incluso el mal humor del otoño
  ha hecho palpitar mi pecho descaradamente,

Y luego estás tú,
de la nada te estrellaste en
  mi cómodo ensueño
  como siempre lo hacen las cosas bellas,
entrando en la habitación con
  el aliento del sol detrás de ti,
sin un cuidado o el más mínimo indicio
  de mi existencia que se desmorona,
un charco de estrechez derretida
  extendiéndose sobre mis pechos,
la cuenta regresiva más hermosa para la muerte
  con nada más que mi pecho que grita,
como también el aire y todo ruido fueron aturdidos por ti,
¡Qué cosa tan hermosa!

It's not your eyes or your lips or the way
   your hips sway at your every step,
words are equally dazed,
the closest perhaps is the hope that dying is this glorious,
that every falling in love is that perfect sunrise,
that every smiling tear I shed is for something as precious,
that every hopeless second with you in my mind
   is worthy of such unparalleled joy that is you.

~ 08.01.22

No son tus ojos o tus labios o la forma en que
   tus caderas se balancean a cada paso,
las palabras están igualmente aturdidas,
lo más cercano quizás es la esperanza de que morir sea así de glorioso,
que cada enamoramiento es ese amanecer perfecto,
que cada lágrima sonriente que derramo es por algo tan precioso,
que cada segundo desesperado contigo en mi mente
   es digno de tal alegría sin igual que eres tú..

~ 08.01.22

DANGEROUS

It's dangerous to love so ardently
to end with nothing but empty hands
that held the world for the beloved,
love doesn't always give a chance,
a broken heart can become tiresome,
and cracks don't always mend,
but the burst of a minute's passion
is sometimes better than your absence,
I have feared all this is for nought,
and my matchstick is burning too fast,
but the answers I have feverishly sought
tell me those who endured are the best,
for how else shall I live this life
but to madly love until I'm spent,
it's the only way to feel,
the most delirious victory over death.

~ 09.01.22

PELIGROSO

Es peligroso amar tan ardientemente
para terminar con nada más que manos vacías
que sostenían el mundo para el amado,
el amor no siempre da una oportunidad,
un corazón roto puede volverse tedioso,
y las grietas no siempre se reparan
pero el estallido de un minuto de pasión
a veces es mejor que tu ausencia,
He temido que todo esto sea en vano,
y mi fósforo se quema demasiado rápido,
pero las respuestas que he buscado febrilmente
me dicen que los que aguantaron son los mejores,
¿De qué otra manera viviré esta vida
sino amando locamente hasta agotarme?
es la única manera de sentir
la victoria más delirante sobre la muerte.

~ 09.01.22

SENSITIVITIES

There's a sensitivity about you,
a fine gauze over your skin that's almost invisible,
but I can see it,
clear as the bluest skies hiding a storm,
I see it from the dark side of your moon
    where nothing is free for the blind and hungry,
yet in darkness your heat reaches out
    like breath on frozen glass,
it hints of its existence in your childlike smile
    that despairs to be understood,
    without wasting a sigh,

I'd like to believe our exhalations
    will find each other in this sphere or the next,
so you can peel this fear off my skin,
and I can quiver with all your strings,
and our darkness will birth such light
that need not explain,
that need not be named,
that only has to be faithful to itself to exist.

~ 10.01.22

SENSIBILIDADES

Hay una sensibilidad en ti,
una fina gasa sobre tu piel que es casi invisible,
pero puedo verlo,
claro como los cielos más azules que esconden una tormenta,
Lo veo desde el lado oscuro de tu luna
  donde nada es gratis para los ciegos y hambrientos,
sin embargo, en la oscuridad tu calor se extiende
  como aliento sobre vidrio congelado,
se insinúa su existencia en tu sonrisa infantil
  que se desespera por ser comprendida,
  sin desperdiciar un suspiro,

Me gustaría creer que nuestras exhalaciones
  se encontrarán en esta esfera o en la siguiente,
para que puedas quitarme este miedo de la piel,
y puedo cantar con todas tus cuerdas,
y nuestra oscuridad dará a luz tal luz
que no necesita explicación,
que no necesita ser nombrada,
que solo tiene que ser fiel a sí misma para existir.

~ 10.01.22

SADNESS AND YOU

There are days soaked in sadness,
no amount of wringing dries the drowning,
the clouds are weary from carrying the year,
from generosity without thanks,
then your face with so much thought
glides like early mist on the hills,
like an old velvet film,
yet with this and nothing else,
a kind of lightness overcomes,
what does that say when even in your saddest
warmth from my chest permeates,
then pure and weightless, relief just becomes,
not because you are troubled,
simply that you walk the same ground,
and like a beacon
you gather all that's bright to banish the gloom,
to shred this jealous melancholy
and dance to the dawn's tune,

I'll never know how it's done
how you simply give life, like a gift,
from afar, as a stranger,
but now my death is out of sight.

~ 11.01.22

TRISTEZA Y TÚ

Hay días empapados de tristeza,
ninguna cantidad de retorcimiento seca el ahogamiento,
las nubes están cansadas de llevar el año,
de la generosidad sin agradecimiento,
entonces tu rostro de tanto pensar
se desliza como la niebla temprana sobre los cerros,
como una vieja película de terciopelo,
pero con esto y nada más
una especie de ligereza vence,
qué dice eso cuando aun en tu mas triste
el calor del interior de mi pecho impregna,
entonces puro e ingrávido, el alivio se vuelve,
no porque estés turbado,
simplemente que caminas por el mismo suelo,
y como un faro
reúnes todo lo que es brillante para desterrar la oscuridad,
para desmenuzar esta celosa melancolía
y bailar al son del alba,

Nunca sabré cómo se hace,
cómo simplemente das la vida, como un regalo,
desde lejos, como un extraño,
pero ahora mi muerte está fuera de la vista.

~11.01.22

FAVOURED

Let today be auspicious,
let some unnamed wind spin
with excitement and whisper questions,
in your ear, to your stillness,
let the dust dancing with the morning light
catch your breath, and make your heart flutter
for something unknown,
let a single drop of rain kiss your starry cheek
and make you gasp a message
that holds no words, no sound,
but knows where to go, where to soothe an anxious soul,
let your confusion rush over the sea and mountains,
and knock on my wintered door,
when I open and a strange warm breeze kisses my face,
I'll know —
that the universe hasn't forgotten,
and today, though absolutely impossible,
I have been favoured.

~ 12.01.22

FAVORECIDO

Que hoy sea auspicioso,
deja que un viento sin nombre gire
con entusiasmo y susurre preguntas,
en tu oído, a tu quietud,
Deja que el polvo que baila con la luz de la mañana
te recupere el aliento y haga que tu corazón palpite
por algo desconocido
deja que una sola gota de lluvia bese tu mejilla estrellada
y te haga jadear un mensaje
sin palabras, sin sonido,
pero sabe a dónde ir, dónde calmar un alma ansiosa,
que tu confusión corra sobre el mar y las montañas,
y llame a mi puerta invernal,
cuando abro y una extraña brisa cálida besa mi rostro,
Yo sabré -
que el universo no ha olvidado,
y hoy, aunque absolutamente imposible,
he sido favorecido.

~ 12.01.22

METEOR

Must I crane my neck all night
against all that's natural
so as not to miss your meteor?
Your shy brightness so elusive,
your suppleness in the shadows,
your face and all its details fading,
my memory failing,
except my hands know
the contours of your cheekbones
resting on your eager smile,
your silky laugh, your lower lip uncertain.
Amazing how a single picture
calls in a deluge of sensations
from my tightening skull
down to my loin.
I must remember never to accuse you of absence,
because your name purred on my neck
is enough to send me to glorious heavenly hell.

~14.01.22

METEORO

¿Debo estirar el cuello toda la noche
contra todo lo natural
para no perderme tu meteoro?
Tu tímido brillo tan esquivo,
tu ligereza en las sombras,
tu rostro y todos sus detalles se desvanecen,
mi memoria fallando,
excepto mis manos conocen
el contorno de tus pómulos
descansando en tu ansiosa sonrisa,
tu risa sedosa, tu labio inferior incierto.
Increíble cómo una sola imagen
provoca un diluvio de sensaciones,
desde mi cráneo apretado
hasta mi lomo.
Debo recordar nunca acusarte de ausencia,
porque tu nombre ronroneando en mi cuello
es suficiente para enviarme al glorioso infierno celestial.

~14.01.22

ROBERTO
Acrylics, 1 March 2022

THE GOLDFINCH (Birthday Poem)

A smiling dream, the kiss of dawn,
a goldfinch singing, the laughing morn,
may your eyes and all your senses opened to such delights,
sweet enough for your heart to beat brimming,
with gratitude and a grin that'll make the world spin,
in the same fullness and joy...

But this you already do, each day when you smile,
and give all of yourself to a stranger,
who has became your own,
who sings you all of her affection in unsure and shy tones,
music that may never touch your ears,
but hopes a goldfinch might carry,
on her blushing cheeks,
on her wings of gold,
to perch on your sunlit window,
her admiration, she wishes you to know.

~ 20.01.22

EL JILGUERO (Un Poema de Cumpleaños)

Un sueño sonriente, el beso del alba,
un jilguero cantando, la mañana riendo,
que tus ojos y todos tus sentidos se abran a tales delicias,
lo suficientemente dulce para que tu corazón lata hasta el borde,
con gratitud y una sonrisa que hará que el mundo gire,
en la misma plenitud y alegría...

Pero esto ya lo haces, cada día cuando sonríes,
y da todo de ti mismo a una extraña,
que se ha convertido en tuyo,
que te canta todo su cariño en tonos inseguros y tímidos,
música que tal vez nunca llegue a tus oídos,
pero ella espera que un jilguero pueda llevar,
en sus mejillas sonrojadas,
en sus alas de oro,
para posarse en tu ventana iluminada por el sol,
su admiración, ella desea que lo sepas.

~20.01.22

FOOL

I went out to the world and its greyness humming,
a constant void, and cold,
I went out to find embers, once burned in your eyes
that keep warm that Spanish earth
I dug at clouds heavy with impatience for mirth
but only met a weeping sky,
and at other people's stares, all avoiding and scared,
where mostly nothing resides,
I walked amongst trees looking far into the day
naked for now of hope,
and amongst youthful strides, in every nameable colour
that only heard their own noise,

Then...
I sat with the tall wind, wild, proud and aloof,
but instead, I longed for your voice,
and quietly beside the city's roar, however,
your sigh's my ear's choice,
I went out to find you in the rain, in the streets,
in the man, in the bus, sat alone,
now I'm soaked and trembling, confused and dazed
I return to my heart, my home,
... where remains a fire, so red and familiar
like the palm so gentle on my cheek,
what a fool to have trusted the devil in the world
when your heart is in mine's every beat.

~ 21.01.22

TONTO

Salí al mundo y su grisura zumbando,
un vacío constante, y frío,
Salí a buscar brasas, una vez quemadas en tus ojos
que mantienen caliente esa tierra española
Cavé en las nubes cargadas de impaciencia por la alegría,
pero solo encontré un cielo lloroso,
y las miradas de otras personas, todas esquivas y asustadas,
donde casi nada reside,
Caminé entre árboles mirando lejos en el día
desnudo por ahora de esperanza,
y entre zancadas juveniles, en todos los colores nombrables,
que solo escuchaban su propio ruido,

Luego...
Me senté con el viento fuerte, salvaje, orgulloso y distante,
pero en cambio, anhelaba tu voz,
y en silencio junto al rugido de la ciudad,
sin embargo, tu suspiro es la elección de mi oído,
Salí a buscarte bajo la lluvia, en las calles,
en el hombre, en el autobús, sentado solo,
ahora estoy empapado y temblando, confundido y aturdido,
vuelvo a mi corazón, mi hogar,
... donde queda un fuego, tan rojo y familiar,
como la palma tan suave en mi mejilla,
que tontería haber confiado en el diablo en el mundo,
cuando tu corazón está en cada latido del mío.

~21.01.22

TWENTY-FIVE POEMS (SONNET)

My eyes wake on a day of confusion
because the Morning refuses to rise
but I'm beaming with a strange sensation
all's well, desolation even feels right,

Though the sun fails to melt frozen sadness
and only shadows are where my heart lies
there's a fire peeking through with such fervour
thinnest light ushering me into flight,

Even clouds heavy with complication
can't for heaven burden me with their grief,
never ceases to amaze with questions
that my mind is a pleasurable thief,

For so far there's these twenty-five poems,
that, once in your hands, shall find our relief.

~ 25.01.22

VEINTICINCO POEMAS (SONETO)

Mis ojos se despiertan en un día de confusión
porque la mañana se niega a levantarse
pero estoy radiante con una extraña sensación,
todo está bien, la desolación incluso se siente bien,

Aunque el sol no logra derretir la tristeza congelada,
y solo las sombras son donde yace mi corazón
hay un fuego asomándose con tanto fervor,
la luz más tenue que me lleva al vuelo,

Incluso las nubes cargadas de complicaciones
no pueden, por el cielo, cargarme con su dolor,
nunca deja de sorprender con preguntas,
que mi mente es una ladrona placentera,

Porque hasta ahora hay estos veinticinco poemas,
que, una vez en tus manos, encontrará nuestro alivio.

~ 25.01.22

A MAN

There is a man I have not met
with twinkling stars on his cheeks,
the night is brightest on his chest,
his sighs, enough to make me weak,

He is someone I have yet to know,
with thunder gentle in his gait,
his smile, a breeze with roses blown,
his honeyed laugh, a precious bait,

Yet he is one not crossed my way,
not felt the fire in his palms,
nor left with fever from his gaze,
nor tremors from his kisses calm,

But he is that I long to meet,
to know fully in a single glance,
in one familiar silent greet
our skins embrace, begin the dance,

There is a man I have not met,
he is as real as my beating breasts,
night becomes day, and dawns do set,
our paths shall cross, the earth won't rest.

~ 27.01.22

UN HOMBRE

Hay un hombre que no he conocido
con estrellas centelleantes en sus mejillas,
la noche es más brillante en su pecho,
sus suspiros, suficientes para hacerme débil,

Él es alguien que todavía tengo que conocer,
con un trueno suave en su andar,
su sonrisa, una brisa con rosas sopladas,
su risa melosa, cebo precioso,

Sin embargo, él no se ha cruzado en mi camino,
No he sentido el fuego en sus palmas,
ni he tenido fiebre de su mirada,
O temblando de sus besos tranquilos,

Pero es el que anhelo conocer,
conocer plenamente en una sola mirada,
en un familiar saludo silencioso
nuestras pieles se abrazan, comienzan la danza,

Hay un hombre que no he conocido,
es tan real como mis pechos palpitantes,
la noche se convierte en día, y el alba se pone,
nuestros caminos se cruzarán, la tierra no descansará.

~ 27.01.22

PEN

I've so much to say/ from watching your face/
create all these stories/ that create all I feel/
but only a wall/ deaf and mouthless/
responds with a stare/ and astounding silence/
so they keep bleeding/ my words and my head/
in clouds are relief/ my heart is dead/
but hope lets it suffer/ to write for nowhere/
and no one who can/ possibly hear/
but create they say/ from your deep aloneness/
that knot in your chest/ will soon be released/
your face is the pen/ your stories it bleeds/
I send them to you/ these letters for me/
one day they'll fly/ and your eyes will see/
your smile will tell/ what it all means to me/
so the wall may continue/ to be my only friend/
I may never feel your hands/ but my pen will in the end//

~ 27.02.22

PLUMA

Tengo tanto que decir/ al ver tu rostro/
crear todas estas historias/ que crean todo lo que siento/
pero solo una pared/ sorda y sin boca/
responde con una mirada/ y un silencio pasmoso/
por eso siguen sangrando/ mis palabras y mi cabeza/
en las nubes hay alivio/ mi corazón está muerto/
pero la esperanza la deja sufrir/ escribir para nada/
y nadie que pueda/ posiblemente oiga/
pero crea dicen/ desde tu profunda soledad/
ese nudo en tu pecho/ pronto se soltara/
tu cara es la pluma/ tus historias sangra/
Te las mando/ estas cartas por mi/
un día volarán/ y tus ojos verán/
tu sonrisa dirá/ lo que todas significa para mi/
para que el muro siga/ siendo mi único amigo/
Puede que nunca sienta tus manos/ pero mi pluma lo hará al final//

~ 27.01.22

80 MILES PER HOUR

How must we love a beautiful stranger
the ever changing sky and his restless clouds,
untameable winds that caress but never tethers,
the autumn coming, unpredictable but constant,
and the gap between our bodies,
our minds, our time,

How must we love the uncertain,
the future promising what could never come,
that blinding light behind jealous branches,
a life offered and taken back,

How must we love the brightest star
from miles and oceans in supplication,
death at his nearness, as well as absence,
one cannot win, but losing inspires,

How then must I love you, beautiful unknown,
with complete abandon and all my brokenness,
with trust in the truth of day and night,
with all the mornings of my entire life,
and with the nothings in the edges,

80 MILLAS POR HORA

¿Cómo debemos amar a un hermoso extraño,
el cielo siempre cambiante y sus nubes inquietas,
vientos indomables que acarician pero nunca atan
el otoño que llega, impredecible pero constante,
y la brecha entre nuestros cuerpos,
nuestras mentes, nuestro tiempo,

¿Cómo debemos amar lo incierto,
el futuro prometiendo lo que nunca podría llegar,
esa luz cegadora tras las celosas ramas,
una vida dada luego confiscada,

¿Cómo debemos amar a la estrella más brillante,
desde millas y océanos en súplica,
la muerte por su cercanía, así como por su ausencia,
no se puede ganar, pero perder inspira,

¿Cómo entonces debo amarte, hermosa desconocida,
con completo abandono y todo mi quebrantamiento,
con confianza en la verdad del día y de la noche,
con todas las mañanas de toda mi vida,
y con las nadas en los bordes,

It's winter and it's bright,
the sun and the wind are playing
eighty miles per hour of blowing kisses,
angry enough to kill,
gentle enough to sing
all the confusion you make me drink,
brown leaves all over and dust bins possessed,
the noise outside is magnificent,
Perhaps that's how I love you, beautiful chaos,
like a free tempest?

~ 29.01.22

Es invierno y es brillante,
el sol y el viento están jugando:
ochenta millas por hora de besos lanzados,
lo suficientemente enojado como para matar,
lo suficientemente suave como para cantar
toda la confusión que me haces beber,
hojas marrones por todas partes y cubos de basura poseídos,
el ruido afuera es magnífico,
Tal vez así te quiera, hermoso caos,
como una tempestad libre?

~ 29.01.22

CONRADO, FELICES PARA SIEMPRE
Acrylics, 13 February 2022

SACRED

Sometimes, my words need rest,
they're get parched and broken,
they call for a river to flood
   a slowly growing desert,
their breath is faint, ink almost a ghost,
letters cannot be born from the dark
   or from a candle in a storm,
your letters, yours,
they can only be victors against saintly demons,
vile, jealous, ravenous,
they cannot be from the void or incomplete,
or not being burned by the fire in their lungs,
but from laughter, from an almost maddening joy,
and that wisdom from immortal time,
something never shaken, never bent or scratched,
somewhere where your eyes are simply the stars,
your smile, the possibilities of the universe,
and all else doesn't really matter,
my words need to rest in those sacred quarters,
in your arms, perhaps, where pain isn't known.

~ 31.01.22

SAGRADO

A veces, mis palabras necesitan descansar,
pasan sed y se rompen,
piden un río para inundar
   un desierto que crece lentamente,
su aliento es débil, tinta casi un fantasma,
las letras no pueden nacer de la oscuridad
   o de una vela en una tormenta,
tus cartas, las tuyas,
solo pueden ser vencedores contra los demonios terrenales,
vil, celoso, hambriento,
no pueden venir del vacío o deficiente,
o no ser quemados por el fuego en sus pulmones,
Sólo pueden ser de la risa, de una alegría casi enloquecedora,
y esa sabiduría del tiempo inmortal,
algo nunca sacudido, nunca doblado o rayado,
en algún lugar donde tus ojos son las estrellas,
tu sonrisa, las posibilidades del universo,
Donde todo lo demás realmente no importa,
mis palabras necesitan descansar en esos lugares sagrados,
en tus brazos, tal vez, donde el dolor es desconocido

~ 31.01.22

CONFESSION

I wish I could tell you about my trembling hands,
barely noticeable, hiding amongst the day's demands,
I wish I could tell you why I lay awake,
night after night, listening for relief,
I wish I could tell you why my heart beats fast,
and more, when I try to rest and empty my mind,
I wish I could tell you about my restless eyes,
they long to dream only on saccharine nights,

I wish I could tell you of a movie,
about your gaze on repeat, it is a lullaby,
I wish I could tell you how my mind conjures heat
from your hands, they calm my fears,
I wish I could tell you how the brown of your eyes
are soft living fields growing hope for me,
I wish I could tell you of countless times
I have been saved by your face, a stranger's,

I wish I could say while holding your hand
of how grateful I am, this purest confession,
I wish you could see who I am, that I am.

~ 01.02.22

CONFESIÓN

Quisiera poder hablarte de mis manos temblorosas,
apenas perceptibles, escondidas entre las exigencias del día,
Desearía poder decirte por qué me quedo despierto hasta tarde,
noche tras noche, escuchando en busca de alivio.
Quisiera poder decirte por qué mi corazón late rápido,
y más, cuando trato de descansar y vaciar mi mente,
Quisiera poder hablarte de mis ojos inquietos,
anhelan soñar solo en las noches azucaradas,

Quisiera poder hablarte de una película,
de tu mirada en repetición, es una canción de cuna,
Quisiera poder decirte como mi mente evoca el calor
de tus manos, ellas calman mis miedos,
Ojalá pudiera decirte cómo el marrón de tus ojos
son suaves campos vivos que crecen esperanza para mí,
Ojalá pudiera contarte las innumerables veces
que me ha salvado tu rostro, el de un extraño,

Desearía poder decir mientras tomo tu mano
lo agradecido que estoy, esta confesión más pura,
Me gustaría que pudieras ver quién soy, que soy

~ 01.02.22

PRIMAVERA

As spring has sent his first stolen sighs,
give this to me, a sign,
that though we are the end and the beginning of innocence,
we shall at least share these words from a grey sky,
calling from the deepest burning,
emerging from our breasts,
scratching our throats, dry,
leaves are again gaining colour, and oceans are lifted high,
soon, birds will be born with new songs, new stories,
So let one warble be of two strangers
bound by solitude and longing,
Let their hands be rejoined,
but if never, let these letters be whispered
among souls searching,
so even if one meets eternity alone,
another existed, perhaps not on the same road,
a tragedy that triumphs any day,
for those who carry on with brave hearts
into the unknown, that could very well be your arms.

~ 03.02.22

PRIMAVERA

Como la primavera ha enviado sus primeros suspiros robados,
dame esto, una señal,
que aunque somos el final y el comienzo de la inocencia,
al menos compartiremos estas palabras desde un cielo gris,
llamando desde el fuego más profundo,
emergiendo de nuestro pechos,
rascándonos la garganta, secos,
las hojas vuelven a cobrar color, y los océanos se elevan alto,
pronto nacerán pájaros con nuevos cantos, nuevas historias,
Dejemos que un trino sea de dos extraños
unidos por la soledad y el anhelo,
Que sus manos se reúnan,
pero si nunca, que estas letras sean susurradas
entre las almas que buscan,
así aunque uno se encuentre solo con la eternidad,
otro existió, quizás no en el mismo camino,
una tragedia que triunfa cualquier día, para aquellos que con corazón
valiente
avanzan hacia lo desconocido, esos bien podrían ser tus brazos.

~ 03.02.22

SUNFLOWER

Tell me how am I still breathing,
  with skin glowing as if
  the sun runs through my veins,
and my breath, a thousand young petals
  offered to make the scent of heaven,
how my limbs stretch against pain
  buried with bitter age,
and my cheeks burn, unable to hide what you do to me,
  without touching me,
  or knowing each other like the back of our hands,
how can a connection paint me like a sunflower,
  like sunbeam on a summer day?

You are, most dazzling star
  to all who crave light below,
you're the reminder of all my worth,
  while you smile on your pedestal,
  never knowing how your laughter seeds hope.

~05.02.22

GIRASOL

¿Dime cómo sigo respirando,
  con la piel brillando como si
  el sol estuviera corriendo por mis venas,
y mi aliento, mil pétalos jóvenes
  ofrecidos para hacer el olor del cielo,
cómo se estiran mis miembros contra el dolor
  sepultado por la amarga edad,
y me arden las mejillas, sin poder ocultar lo que me haces,
  sin tocarme,
  ni conocernos como el dorso de nuestras manos,
Cómo puede una conexión pintarme como un girasol,
  como un rayo de sol en un día de verano?

Tú eres, la estrella más deslumbrante
  para todos los que anhelan la luz debajo,
eres el recuerdo de todo mi valor,
  mientras sonríes en tu pedestal,
  sin saber cómo tu risa siembra esperanza.

~ 05.02.22

OFFERINGS

Perhaps my words will never reach you
or worse, disappoint like winter's wail,
please know they are sent not to please you,
but if they do, kindly say I haven't failed,
they come forth because there's a calling,
a plea not to be ignored,
as with things struggling at existing,
they wish only to be known, to be heard,
that they're grateful to have lived in a time,
when you lit the world with your light,
the many faces you breathed life to —
I've kissed them all, those beautiful lives,
these are not from a bard or a prophet,
simply sighs from one you've charmed,
these aren't words proclaimed from a pulpit,
yet offerings of the highest regard,
and so let them ask one more favour,
let them find a way to your arms,
for if these hands never meet you,
your eyes will have sent them your warmth.

~ 06.02.22

OFRENDAS

Quizás mis palabras nunca te alcancen
o peor, decepcionar como el lamento del invierno,
Por favor, sepa que no se envían para complacerlo,
pero si lo hacen, amablemente di que no he fallado,
vienen porque hay un llamado,
una súplica para no ser ignorada,
como las cosas que luchan por existir,
solo quieren ser conocidos, ser escuchados,
que están agradecidos de haber vivido en un tiempo,
cuando iluminaste el mundo con tu luz,
las muchas caras a las que infundiste vida,
Los he besado a todos, esas hermosas vidas,
estos no son de un bardo o un profeta,
simplemente suspiros de alguien a quien has encantado,
estas son palabras no proclamadas desde un púlpito,
sin embargo, ofrendas de la más alta estima,
y así, concédeles esta humilde petición,
que encuentren el camino a tus brazos,
porque si estas manos nunca te encuentran,
tus ojos les habrán enviado tu calor.

~ 06.02.22

TODAS LAS VIDAS IMPORTAN
Acrylics, 15 February 2022

SOLITUDES

So what will our solitudes do now,
when the quiet becomes too loud,
when our other parts need affection,
to stop crumbling from years in the dark,
how do we go on to celebrate
    the worth of oneself we've found,
Is another life still essential?
Does a tree still fall without sound?
So, yes...
our solitudes are precious,
but our stories need to be told,
inhaled by some stranger, somewhere with different air,
who looks for connection in the clouds,
strings only hearts are aware,
drumming to a nameless sound,
solitudes on a peak, so proud,
yet searching,
in the vastness,
for a familiar mirrored brow,
that soars when it senses it,
when its skin tingles and limbs quake,
when it dares to give up all it knows,
    for one burning kiss,
    one singular handshake,
because yes, our solitude is sacred,
but we all are still body and blood.

~ 07.02.22 (For Fabio and Macarena)

SOLEDADES

Entonces, ¿qué harán ahora nuestras soledades,
cuando el silencio se vuelve demasiado fuerte,
cuando nuestras otras partes necesitan cariño,
para dejar de desmoronarse por años en la oscuridad,
como vamos a celebrar
    el valor de uno mismo que hemos encontrado,
¿Sigue siendo imprescindible otra vida?
¿Un árbol todavía cae sin sonido?
Entonces sí...
nuestras soledades son preciosas,
pero nuestras historias necesitan ser contadas,
inhalado por algún extraño, en algún lugar con aire diferente,
que busca conexión en las nubes,
cuerdas que solo los corazones conocen,
tamborileando con un sonido sin nombre,
soledades en un pico, tan orgullosas,
aún buscando,
en la inmensidad,
por una ceja espejada familiar,
que se eleva cuando lo siente,
cuando su piel hormiguea y sus miembros tiemblan,
cuando se atreve a renunciar a todo lo que sabe,
    por un beso ardiente,
    un apretón de manos singular,
porque sí, nuestra soledad es sagrada,
pero todos somos todavía cuerpo y sangre.

~ 07.02.22 (Para Fabio y Macarena)

THE LAST

Am I the last, am I the only one, left to feel all that flows
  in leaves and rivers, howling winds and crackling summer days;
Alone to praise that which makes the lark sing
  and the thorny bush create a rose;
Am I the only witness and scribe to the anguish of the seas
  and obsession of the bees, of the most beautiful monsters
  we dress in wine and gold...
Also,
Am I alone in seeing all the light and darkest jewels
  that glint in your eyes?
the souls lifted from the tremble of your laughter,
in tasting the oceans in your rise and fall,
the last to weep sweetly from a hint of heaven in your smile?
Perhaps also the last to try to love without shame or fear,
  or not know why I let a horde of muses abuse my soul?
No pleasure is greater than ripping out a piece of one's heart
  for another, even more, for one who does not know.
So let me love you?
Even from a distance, from innocence,
from everything that holds summers and shadows,
in the only way my words are able,
so even if I'm the last one standing, my heart knows I'm not alone.

~ 08.02.22

EL ÚLTIMO

¿Soy el último, soy el único que queda para sentir todo lo que fluye
en hojas y ríos, vientos aulladores y días de verano crepitantes;
Sola para alabar aquello que hace cantar a la alondra
y al arbusto espinoso crear una rosa;
¿Soy único testigo y escribano de la angustia de los mares
y de la obsesión de las abejas, de los más bellos monstruos
que vestimos de vino y oro...
y también,
¿Estoy solo al ver todas las joyas claras y oscuras
que brillan en tus ojos?
las almas levantadas del temblor de tu risa,
que saborea los océanos en tu ascenso y caída,
el último en llorar dulcemente de un toque de cielo en tu sonrisa?
Quizá también el último en intentar amar sin vergüenza ni miedo,
o no saber por qué dejé que una horda de musas abusara de mi alma.
Ningún placer es mayor que arrancar un pedazo del corazón
para otro, más aún, para uno que no sabe.
¿Entonces déjame amarte?
Incluso desde la distancia, desde la inocencia,
desde todo lo que guarda veranos y sombras,
de la única manera que mis palabras son capaces,
así que incluso si soy el último en pie, mi corazón sabe que no estoy solo.

~ 08.02.22

AMOR

Is it a day?
Is it a bouquet gathered as a reminder of how soon we forget?
Is it a box of little apologies coated in sweet regret?

No —
It is to me every daybreak,
    when the sun tries to break through the bleakness.
It's the leaf hanging on, hoping to greet the next spring,
It's the bare tree still standing, with summer on its shoulders,
or the faintest birdsong in mechanical mornings,
It's the detail we hardly notice
    because our feet have become impatient,
It's the spark in our chest from the kindness of a stranger,
It's the quickening of our steps from a long lost love song.

It is every time life gives a reason,
every chance to exhale from a choking breath,
every pair of eyes that begs to be witnessed,
every random smile that mirrors my own,
every flower, littlest creature,
dewdrop and lazy light at dawn,
it is the truth of day in spite the nagging night,
and the possibility that one day you will know.

It is not a single day of convenience,
but an entire lifetime of hope.

~ 09.02.22

AMOR

¿Es un día?
¿Es un ramo recogido como recordatorio de lo pronto que olvidamos?
¿Es una caja de pequeñas disculpas recubiertas de dulce arrepentimiento?

No —
Es para mí cada amanecer,
    cuando el sol intenta romper la desolación.
Es la hoja colgando, esperando saludar a la próxima primavera,
Es el árbol desnudo que sigue en pie, con el verano a cuestas,
o el más tenue canto de los pájaros en mañanas mecánicas,
Es el detalle que apenas notamos
    porque nuestros pies se han vuelto impacientes,
Es la chispa en nuestro pecho por la bondad de un extraño,
Es la aceleración de nuestros pasos de una canción
    de amor perdida hace mucho tiempo.

Es cada vez que la vida da una razón,
cada oportunidad de exhalar de una respiración asfixiante,
cada par de ojos que ruegan ser vistos,
cada sonrisa al azar que refleja la mía,
cada flor, criatura más pequeña,
gota de rocío y luz perezosa al amanecer,
es la verdad del día a pesar de la noche persistente,
y la posibilidad de que algún día lo sepas.

No es un solo día de conveniencia,
sino toda una vida de esperanza.

~ 09.02.22

DREAM, DEMON

My words can be a dream
  or the tongue of demons,
    they're not held in high esteem
    but they're honest and raw,

they're the life of a heart,
  the persistence of hope,
    proof of a passion
      that will never let go,

of a pact with oneself
  despite all the falls,
    to never give up
      on the possibility of love.

~ 10.02.22

SUEÑO, DEMONIO

Mis palabras pueden ser un sueño
 o la lengua de los demonios,
  no son tenidos en alta estima
  pero son honestos y crudos,

son la vida de un corazón,
 la persistencia de la esperanza,
  prueba de una pasión
  que nunca dejará ir,

de un pacto con uno mismo
 a pesar de todas las caídas,
  nunca renunciar
  en la posibilidad del amor.

~ 10.02.22

LA MUSA
Acrylics, 27 February 2022

THE MUSE

There are certain things that speak to you —
a sunrise, a scent, books, a smile,
wind on the branches,
trees in a distance,
the distance,
silences,
a face...
They're as common as a new day,
bright or with crying rain,
and yet sometimes,
they come like a tornado,
like burning fever in your skin,
your heart races to its death
but you don't let go,
because they don't come often, these things,
so when they, in their rareness, do visit,
be sure to grab them by the neck
and kiss them hard,
so they think twice about leaving,
about forgetting the muse in you.

~ 16.02.22

LA MUSA

Hay ciertas cosas que te hablan -
un amanecer, un olor, libros, una sonrisa,
viento en las ramas,
árboles en la distancia,
la distancia,
silencios,
una cara...
Son tan comunes como un nuevo día,
brillante o con lluvia que llora,
y sin embargo, a veces,
vienen como un tornado,
como fiebre ardiente en tu piel,
tu corazón corre hacia su muerte
pero no te sueltas,
porque no vienen seguido, estas cosas,
así que cuando ellos, en su rareza, visitan,
asegúrate de agarrarlos por el cuello
y besarlos fuerte,
para que se lo piensen dos veces antes de irse,
de olvidar la musa que hay en ti.

~ 16.02.22

THE AUTHOR

GT Popplewell lives, writes, paints and continues to learn Spanish, among other things, in West Yorkshire, England.
Some poems and art, old and new, are posted in thedailygrey.wordpress.com
Other celebrations of life are on Instagram:
@lettersforhim2
@wotsitolabwt.gt

CONSTELLATIONS
2022 Selected Poems

Para Roberto Enríquez

Lightning Source UK Ltd.
Milton Keynes UK
UKHW021605180322
400266UK00005B/33